大方廣佛華嚴經 寫經

23

🪷 일러두기

1. 『사경본 한글역 대방광불화엄경』은 『독송본 한문·한글역 대방광불화엄경』에 수록된 한글역을 사경하는 데 편의를 도모하기 위해 편집을 달리하여 간행한 것이다.

2. 『독송본 한문·한글역 대방광불화엄경』은 실차난타가 한역(695~699)한 80권 『대방광불화엄경』의 한문 원문과 한글역을 함께 수록한 것이다. 한문 저본은 고종 2년(1865) 월정사에서 인경한 고려대장경 『대방광불화엄경』이다.

3. 한글 번역은 동국역경원에서 발간한 한글 『대방광불화엄경』(운허)을 중심으로 하고 『신화엄경합론』(탄허)과 『대방광불화엄경 강설』(여천무비) 그리고 최근의 여타 번역본 등을 참조하였다.

4. 한글 번역은 독송과 사경을 위하여 정확성과 아울러 가독성을 고려하였다. 극존칭은 부처님과 불경계에 대해서만 사용하였다.

5. 사경본의 차례는 일러두기 → 한글역 본문 → 화엄경 목차 → 간행사이며 80권 『대방광불화엄경』의 권별 목차 순으로 독송본과 함께 간행한다. (법공양판에는 간행사 다음에 간행불사 동참자를 밝혀 두었다.)

사경본 한글역
대방광불화엄경 제23권

24. 도솔궁중게찬품
25. 십회향품 [1]

수미해주

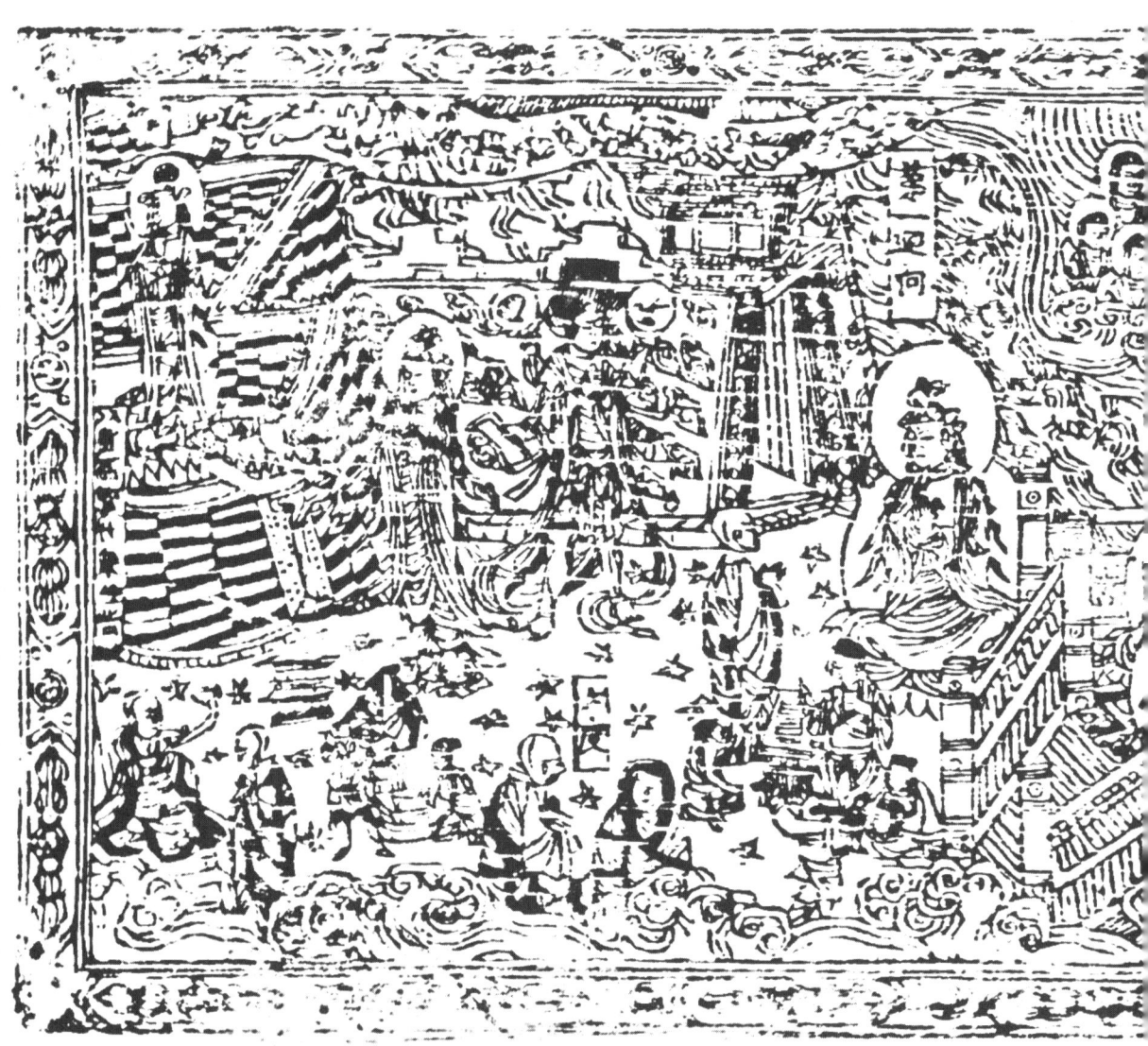

대방광불화엄경 제23권 변상도

대방광불화엄경
제23권

24. 도솔궁중게찬품

_____ 은(는) 『대방광불화엄경』을
사경하는 인연공덕으로
『화엄경』이 널리 유통되고
우리 모두 다함께 보리 이루기를 발원하옵니다.

대방광불화엄경
제23권

24. 도솔궁중게찬품

 그때에 부처님의 위신력으로 시방에 각각 한 큰 보살이 있어, 낱낱 보살이 각각 일만 부처님 세계 미진수의 모든 보살들과 함께 일만 부처님 세계 미진수의 국토 밖 모든 세계로부터 부처님 처소로 왔다.

그 이름은 금강당 보살과 견고당 보살과 용맹당 보살과 광명당 보살과 지당 보살과 보당 보살과 정진당 보살과 이구당 보살과 성수당 보살과 법당 보살이었다.

떠나온 국토는 이른바 묘보 세계와 묘락 세계와 묘은 세계와 묘금 세계와 묘마니 세계와 묘금강 세계와 묘파두마 세계와 묘우발라 세계와 묘전단 세계와 묘향 세계였다.

각각 부처님 처소에서 범행을 청정

하게 닦았으니 이른바 무진당 부처님과 풍당 부처님과 해탈당 부처님과 위의당 부처님과 명상당 부처님과 상당 부처님과 최승당 부처님과 자재당 부처님과 법당 부처님과 관찰당 부처님이셨다.

그 모든 보살들이 부처님 처소에 이르러서는 부처님의 발에 정례하고, 부처님의 위신력으로 곧 묘보장 사자좌를 변화하여 만들었다. 보배 그물로 두루 덮어 두루 가득하였는데,

모든 보살 대중들이 온 바 방위를 따라 각각 그 위에 결가부좌하였다.

그 몸에서 다 백천억 나유타 아승지의 청정한 광명을 놓았다. 이 한량없는 광명은 다 보살의 청정한 마음의 보배와 온갖 허물을 여읜 큰 원력으로 일어난 것이며, 일체 모든 부처님의 자재하고 청정한 법을 나타내보이며, 모든 보살들의 평등한 원력으로 능히 일체 중생을 널리 구호하니, 일체 세간의 즐겨 보는 바이며,

보는 자는 헛되지 아니하여 모두 조복함을 얻었다.

　그 보살 대중들은 다 한량없는 공덕을 이미 성취하였다.
　이른바 일체 모든 부처님의 국토에 두루 노닐되 장애하는 바가 없으며, 의지함이 없는 청정한 법신을 보았다. 지혜의 몸으로 한량없는 몸을 나타내어 시방으로 두루 다니면서 모든 부처님을 받들어 섬기며, 모든 부처님의 한량없고 가없고 불가사의한 자재한 법에 들어갔다.

　한량없는 일체 지혜의 문에 머물러 지혜의 광명으로 모든 법을 잘 알며, 모든 법 가운데서 두려울 바 없음을 얻어 연설하는 바를 따라 미래제가 다하도록 변재가 다함이 없으며, 큰 지혜로 총지문을 열며, 지혜의 눈이 청정하여 깊은 법계에 들어가며, 지혜의 경계가 끝이 없으며, 구경까지 청정함이 마치 허공과 같았다.

　이 세계의 도솔천궁에 모든 보살 대

중들이 이와 같이 모여오는 것처럼 시방의 일체 도솔천궁에서도 다 이와 같은 명호를 가진 보살들이 모여왔다. 떠나온 나라와 모든 부처님의 명호도 또한 다 동등하여 차별이 없었다.

그때에 세존께서 두 무릎으로 백천억 나유타 광명을 놓아 시방의 온 법계와 허공계의 일체 세계를 널리 비추시니, 그곳의 모든 보살들이 이곳 부처님의 신통변화하시는 모습을 모두 보고, 이곳의 모든 보살들도 또한 그곳 일체 여래의 신통변화하시는 모습을 보았다.

 이와 같은 보살들은 다 비로자나여래와 함께 지난 옛적에 선근을 같이 심으면서 보살행을 닦았으니, 모두 이미 모든 부처님의 자재하신 매우 깊은 해탈에 깨달아 들어가서 차별이 없는 법계의 몸을 얻었다.
 일체 국토에 들어가되 머무르는 바가 없고 한량없는 부처님을 친견하고 모두 나아가 받들어 섬겼다. 한 생각 동안에 법계에 두루 다니되 자재하여 걸림이 없고 마음이 청정함이 마치 값을 매길 수 없는 보배와 같았다.

한량없고 수없는 모든 부처님 여래께서 항상 호념하심을 더하여 함께 그 힘을 주셔서 구경이며 제일인 피안에 이르렀다.

항상 청정한 생각으로 위없는 깨달음에 머물러서 생각생각 항상 일체지처에 들어갔다. 작은 것으로써 큰 것에 들어가고 큰 것으로써 작은 것에 들어가되 모두 자재함을 얻어 통달하여 걸림이 없었다.

이미 부처님 몸을 얻어 부처님과 더불어 같이 머무르며, 일체지를 얻고 일체지로부터 그 몸을 내어 일체 여래의 행하시는 곳에 다 능히 따라 들어가서 한량없는 지혜의 법문을 열며, 금강당의 큰 지혜인 피안에 이르러 금강삼매를 얻어 모든 의혹을 끊었다.

이미 모든 부처님의 자재한 신통을

얻어 널리 일체 시방의 국토에서 백천만억 수없는 중생들을 교화하고 조복하면서도 일체 수효에 비록 집착하는 바가 없으나, 잘 능히 닦고 배워서 구경까지 성취하고 방편으로 일체 모든 법을 안립하였다.

 이와 같은 등 백천억 나유타 말할 수 없고 다함없이 청정한 삼세 일체의 한량없는 공덕장 모든 보살 대중들이 다 모여와서 부처님 처소에 있었다. 광명으로 인하여 보이는 일체 부처님 처소에서도 다 또한 이와 같았다.

그때에 금강당 보살이 부처님의 위신력을 받들어 시방을 널리 관찰하고 게송을 설하여 말씀하였다.

여래는 세상에 나시지도 않고
또한 열반도 없으나
본래의 큰 원력으로
자재한 법을 나타내 보이시도다.

이 법은 사의하기 어렵고
마음이 행하는 곳도 아니니
지혜로 피안에 이르러야

이에 모든 부처님 경계를 보리라.

색신은 부처님이 아니며
음성도 또다시 그러하나
또한 색신과 음성을 떠나서
부처님 신통력을 보는 것도 아니로다.

지혜가 적은 이는 모든 부처님의
참된 경계를 능히 알지 못하니
청정한 업을 오래 닦아야
이것을 알 수 있도다.

정각은 온 곳도 없으며
가는 것 또한 좇을 곳 없으나
청정하고 미묘한 색신을
위신력으로 나타내시도다.

한량없는 세계 가운데
여래의 몸을 나타내 보이시어
미묘한 법을 널리 설하시나
그 마음은 집착하시는 바가 없도다.

지혜는 끝이 없어
일체 법을 요달하고

법계에 널리 들어가
자재한 힘을 나타내 보이시도다.

중생과 모든 법에
요달하여 모두 걸림이 없어
온갖 색상을 널리 나타내시어
일체 세계에 두루하시도다.

일체 지혜를 구하여
위없는 깨달음을 속히 이루려면
마땅히 청정하고 미묘한 마음으로
보리행을 닦아 익힐지어다.

만약 어떤 이가 여래의
이러한 위신력을 보려면
마땅히 가장 수승하신 세존께
공양올리고 의심을 내지 말지어다.

그때에 견고당 보살이 부처님의 위신력을 받들어 시방을 널리 관찰하고 게송을 설하여 말씀하였다.

여래는 수승하시기 견줄 데 없고
깊고 깊어 말할 수 없으니
언어의 길을 뛰어넘어

청정하심이 허공과 같도다.

그대는 사람 중 사자의
자재하신 신통력을 관하라
이미 분별을 여의었으나
분별하여 보게 하시도다.

도사께서 깊고 깊은
미묘한 법을 연설하시니
이 인연으로 이 견줄 데 없는
몸을 나타내시도다.

이것은 큰 지혜라
모든 부처님께서 행하신 것이니
만약 분명히 알고자 한다면
항상 마땅히 부처님을 친근할지어다.

뜻으로 짓는 업이 항상 청정하여
모든 여래께 공양올려도
마침내 피로하거나 싫은 마음이 없으면
부처님 도에 능히 들어가리라.

다함없는 공덕을 갖추어
보리심에 굳게 머무르면

이로써 의심의 그물을 없애어
부처님을 관함에 싫어함이 없으리라.

일체 법을 통달하면
이것이 참된 불자이니
이 사람은 능히 모든 부처님의
자재하신 힘을 분명히 알리라.

광대한 지혜로 설하신 것은
모든 법의 근본이 되고자 함이니
마땅히 수승한 희망을 일으켜서
뜻에 위없는 깨달음을 구할지어다.

만약 어떤 이가 부처님을 존경하여
부처님 은혜 갚기를 생각하면
그 사람은 마침내 일체 모든
부처님 주처를 떠나지 않으리라.

어찌 지혜 있는 사람이
부처님을 보고 듣고서
청정한 원을 닦아
부처님 행하신 길을 밟지 않으리오.

그때에 용맹당 보살이 부처님의 위신력을 받들어 시방을 널리 관찰하고 게송을 설하여 말씀하였다.

비유하면 밝고 깨끗한 눈이
해로 인하여 온갖 색을 보듯이
청정한 마음도 또한 다시 그러하여
부처님의 힘으로 여래를 보도다.

마치 정진하는 힘으로
능히 바다의 근원을 다할 수 있듯이
지혜의 힘도 또한 이와 같아서
한량없는 부처님을 친견하리라.

비유하면 비옥한 밭에
심은 것은 반드시 잘 자라듯이
이와 같이 깨끗한 마음 땅에
모든 부처님 법이 출생하리라.

어떤 사람이 보배창고를 얻으면
빈궁의 고통을 영원히 여의듯이
보살도 불법을 얻으면
때를 여의고 마음이 청정하리라.

비유하면 아가타약이
일체 독을 능히 소멸하듯이

부처님 법도 또한 이와 같아서
모든 번뇌의 근심을 소멸하도다.

진실한 선지식은
여래께서 칭찬하시는 바이니
그 위신력으로
모든 부처님 법을 듣게 되도다.

설령 수없는 겁 동안
부처님께 재보를 보시하여도
부처님의 진실한 모습을 알지 못하면
이 또한 보시라 이름할 수 없도다.

한량없는 온갖 색상으로
부처님 몸을 장엄하지만
색상 가운데서
능히 부처님을 보는 것은 아니로다.

여래 등정각께서는
고요하여 항상 움직이시지 않으나
능히 널리 몸을 나타내시어
시방세계에 두루 충만하시도다.

비유하면 허공계가
나지도 않고 없어지지도 않듯이

모든 부처님 법도 이와 같아서
필경에 생멸이 없도다.

그때에 광명당 보살이 부처님의 위신력을 받들어 시방을 널리 관찰하고 게송을 설하여 말씀하였다.

인간과 천상
일체 모든 세계에서
여래의 청정하고 묘한 색신을
널리 보도다.

비유하면 한 마음의 힘이
갖가지 마음을 능히 내듯이
이와 같이 한 부처님 몸이
일체 부처님을 널리 나타내시도다.

보리는 두 가지 법이 없고
또한 다시 모든 모양도 없으나
두 가지 법 가운데
모습을 나타내어 몸을 장엄하도다.

법의 성품이 공적하나
환과 같이 일어남을 아셔서

행하시는 일이 다함이 없음이여
도사께서 이같이 나타내시도다.

삼세의 일체 부처님은
법신이 다 청정하시니
그 마땅히 교화할 바를 따라서
묘한 색신을 널리 나타내시도다.

내가 이러한 몸을 짓는다고
여래께서는 생각하시지 않으나
자연히 나타내 보이시니 일찍이
분별을 일으키신 적이 없도다.

법계는 차별이 없으며
또한 의지하는 바도 없으나
세간 가운데
한량없는 몸을 나타내 보이시도다.

부처님 몸은 변화한 것이 아니며
또한 다시 변화하지 않은 것도 아니나
변화가 없는 법 가운데
변화한 형상이 있음을 보이시도다.

정각은 헤아릴 수 없으니
법계와 허공과 평등하여

깊고 넓어 끝이 없어서
언어의 길이 모두 끊어졌도다.

여래께서는 잘 통달하시어
일체 처에서 도를 행하시니
법계의 온갖 국토에
다니시는 바가 다 걸림 없도다.

그때에 지당 보살이 부처님의 위신력을 받들어 시방을 널리 관찰하고 게송을 설하여 말씀하였다.

만약 어떤 이가 능히 일체 지혜가
걸림 없음을 믿고 받아들여서
보리행을 닦아 익히면
그 마음은 헤아릴 수 없으리라.

일체 국토 가운데
한량없는 몸을 널리 나타내시나
몸은 어떤 곳에도 있지 않고
또한 법에도 머무르지 않도다.

낱낱 모든 여래의
위신력으로 나타내시는 몸을

불가사의한 겁 동안
세어도 다할 수 없도다.

삼세의 모든 중생들은
그 수효를 다 알 수 있으나
여래께서 나타내 보이시는 바는
그 수효를 얻을 수 없도다.

혹 때로는 하나 둘
내지 한량없는 몸을 보이시어
시방 세계에 널리 나타내시되
실제로는 두 가지가 없도다.

비유하면 깨끗한 보름달이
일체 물에 널리 나타남에
영상이 비록 한량없으나
본래의 달은 일찍이 둘이 아니듯이

이와 같은 걸림 없는 지혜로
등정각을 성취하시어
일체 세계에 널리 나타내시되
부처님 체성은 또한 둘이 없도다.

하나도 아니고 둘도 아니며
또한 다시 한량없는 것도 아니나

그 마땅히 교화할 바를 따라
한량없는 몸을 나타내 보이시도다.

부처님 몸은 과거도 아니며
또한 다시 미래도 아니나
한 생각에 출생과
성도와 열반을 나타내시도다.

요술로 만들어진 형색이
생겨남도 없고 일어남도 없듯이
부처님 몸도 또한 이와 같아서
나타내 보이지만 남이 없으시도다.

그때에 보당 보살이 부처님의 위신력을 받들어 시방을 널리 관찰하고 게송을 설하여 말씀하였다.

부처님 몸은 한량없으나
한량있는 몸을 능히 보이시니
그 응하여 보는 바를 따라서
도사께서 이와 같이 나타내시도다.

부처님 몸은 처소가 없으나
일체 처에 충만하시니
허공이 끝이 없듯이

이와 같이 사의하기 어렵도다.

마음이 행할 곳이 아니며
마음이 그 속에서 일어난 것도 아니니
모든 부처님의 경계 중에는
필경에 생멸이 없도다.

마치 가린 눈으로 보는 것이
안도 아니고 바깥도 아니듯이
세간에서 모든 부처님을 보는 것도
또한 이와 같음을 마땅히 알지어다.

중생을 요익하게 하시려고
여래께서 세간에 출현하시니
중생들은 출현하심이 있음을 보나
실상은 세상에 출현하심이 없도다.

국토에서와 낮밤으로
부처님을 볼 수 없으니
해와 달이나 한 찰나도
다 이와 같음을 마땅히 알지어다.

중생들은 이와 같이 어느날
부처님께서 성도하셨다고 하나

여래께서 보리를 얻으심은
실로 날짜에 얽매이지 않도다.

여래께서 분별을 여의시어
시간도 아니고 수도 초월하셨으니
삼세의 모든 도사들께서
출현하심도 다 이와 같도다.

비유하면 깨끗한 태양이
어두운 밤과 합하지 않으나
어느 날 밤이라 말하듯이
모든 부처님의 법도 이와 같도다.

삼세의 일체 겁이
여래와 합하지 않으나
삼세의 부처님을 말하니
도사의 법이 이와 같도다.

　그때에 정진당 보살이 부처님의 위신력을 받들어 시방을 널리 관찰하고 게송을 설하여 말씀하였다.

일체 모든 도사들께서
몸도 같고 이치도 또한 그러하니
널리 시방세계에 마땅함을 따라

갖가지로 나타내시도다.

그대는 모니 세존을 관하라
하시는 일이 매우 기특하고
법계에 충만하시니
일체에 모두 남음이 없도다.

부처님 몸은 안에도 있지 않고
또한 다시 밖에도 있지 않으나
위신력으로 나타내시니
도사의 법이 이와 같도다.

모든 중생들 부류의
선세에 쌓은 업을 따라
이와 같이 갖가지 몸으로
나타내 보이심이 각각 같지 않도다.

모든 부처님 몸은 이와 같으셔서
한량없고 셀 수 없으니
오직 대각 세존을 제하고는
생각하여 헤아릴 수 없도다.

마치 '나'를 생각하기 어려움을
마음의 업으로 취할 수 없듯이

부처님을 생각하기 어려움도 그러하여
마음의 업으로 나타낼 바가 아니로다.

마치 세계가 불가사의하나
청정하게 장엄한 것을 보듯이
부처님을 생각하기 어려움도 그러하여
묘한 모습을 다 나타내시도다.

비유하면 일체 법이
온갖 인연으로 생기듯이
부처님을 친견함도 다시 그러하여
반드시 온갖 선업을 빌어야 하도다.

비유하면 뜻을 따르는 구슬이
능히 중생의 마음을 만족케 하듯이
모든 부처님 법도 이와 같아서
일체의 원을 다 만족케 하도다.

한량없는 국토 가운데
도사께서 세상에 출현하시니
그 원력을 따르는 까닭으로
시방에 널리 응하시도다.

그때에 이구당 보살이 부처님의 위신력을 받들어 시방을 널리 관찰하고 게송을 설하여 말씀하였다.

여래의 큰 지혜 광명이
모든 세간을 널리 청정하게 하니
세간이 이미 청정해짐에
모든 부처님 법을 열어 보이도다.

설령 어떤 사람이 중생 수와 같은
부처님을 보려고 하면
그 마음에 응하지 않음이 없으시나
실제로는 오시는 곳이 없도다.

부처님을 경계로 하여
오로지 생각해 쉬지 않으면
이 사람은 부처님을 친견하되
그 수효가 마음과 같으리라.

희고 깨끗한 법을 성취하여
모든 공덕을 구족하면
그는 일체지에
전념하여 마음이 버리지 않도다.

도사께서 중생들을 위하시어
알맞게 법을 연설하시되

교화할 곳을 따라 가장
수승한 몸을 널리 나타내시도다.

부처님 몸과 세간이
일체가 모두 '나'라고 할 것이 없으니
이것을 깨달아 정각을 이루시고
다시 중생들을 위하여 설하시도다.

일체 사람 가운데 사자이신 분이
한량없는 자재하신 힘으로
생각과 평등한 몸을 시현하시니
그 몸이 각각 같지 않으시도다.

세간의 이와 같은 몸과
모든 부처님 몸도 또한 그러하니
그 자성을 분명히 알면
이것을 곧 부처라고 이름하니라.

여래께서는 널리 알고 보셔서
일체 법을 밝게 아시니
부처님의 법과 보리를
둘 다 얻을 수 없도다.

도사는 오고 가심이 없고
또한 다시 머무르시는 곳도 없으니

모든 전도를 멀리 여의면
이것이 이름이 등정각이로다.

그때에 성수당 보살이 부처님의 위신력을 받들어 시방을 널리 관찰하고 게송을 설하여 말씀하였다.

여래는 머무르시는 곳 없으나
일체 세계에 널리 머무르시며
일체 국토에 다 가시니
일체 곳에서 모두 보도다.

부처님께서는 중생의 마음을 따라
일체 몸을 널리 나타내시어
성도하고 법륜을 굴리시며
그리고 열반에 드시도다.

모든 부처님은 부사의하시니
누가 능히 부처님을 생각하며
누가 능히 정각을 보고
누가 능히 가장 수승함을 나타내리오.

일체 법이 모두 진여이니
모든 부처님 경계도 그러하며

내지 한 법도 진여 가운데
생멸이 있는 것 아니로다.

중생들이 허망하게
부처이다 세계이다 분별하지만
법의 성품을 요달한 자는
부처도 없고 세계도 없도다.

여래께서 널리 앞에 나타나시어
중생들이 믿고 기쁘게 하시지만
부처님 체성은 얻을 수 없으니
그들도 또한 보는 것이 없도다.

만약 능히 세간에서
일체 집착을 멀리 여의면
걸림이 없고 마음이 환희하여
법에 깨달음을 얻으리라.

위신력으로 나타낸 것을
곧 이것을 부처라 이름하니
삼세의 일체 때에
구하여도 모두 있지 않도다.

만약 능히 이와 같이
마음과 뜻과 모든 법을 알면

일체를 모두 알고 보아서
빨리 여래를 이루리라.

언어 가운데 일체 부처님의
자재하심을 나타내 보이니
정각은 언어를 초월했으나
언어를 빌어서 설하도다.

그때에 법당 보살이 부처님의 위신력을 받들어 시방을 널리 관찰하고 게송을 설하여 말씀하였다.

차라리 일체 세간의 고통을
항상 갖추어 받을지라도
마침내 여래를 멀리하여
자재한 힘을 못 보지 않으리라.

만약 모든 중생들이
아직 보리심을 내지 못하였어도
부처님 명호를 한번 들으면
결정코 보리를 이루리라.

만약 지혜 있는 사람이
한 생각에 도의 마음을 내면

반드시 위없는 세존을 이루리니
삼가 의혹을 내지 말지어다.

여래의 자재하신 힘을
한량없는 겁에 만나기 어려우나
만약 잠깐만 신심을 내어도
위없는 도를 빨리 이루리라.

설령 생각생각 가운데
한량없는 부처님께 공양올려도
진실한 법을 알지 못하면
공양이라 말할 수 없느니라.

만약 이와 같은 법을 들으면
제불이 이로부터 출생하시니
비록 한량없는 고통을 겪더라도
보리의 행을 버리지 말지니라.

한 번이라도 큰 지혜와
제불의 들어가신 법을 들으면
널리 법계 가운데서
삼세의 도사가 되리라.

비록 미래제가 다하도록
모든 부처님 세계에 두루 다녀도

이 묘한 법을 구하지 아니하면
마침내 보리를 이루지 못하리라.

중생들이 비롯함이 없는 이래로
생사에 오래 유전하여
진실한 법을 알지 못하니
제불이 짐짓 출현하셨도다.

모든 법은 깨뜨릴 수 없으며
또한 능히 깨뜨릴 자도 없으니
자재하신 큰 광명이
세간에 널리 보이도다.

대방광불화엄경
제23권

25. 십회향품 [1]

_____ 은(는) 『대방광불화엄경』을
사경하는 인연공덕으로
『화엄경』이 널리 유통되고
우리 모두 다함께 보리 이루기를 발원하옵니다.

대방광불화엄경
제23권

25. 십회향품 [1]

그때에 금강당 보살이 부처님의 위신력을 받들어 보살지광삼매에 들었다.

이 삼매에 들고 나서, 시방으로 각각 십만 부처님 세계 미진수의 세계

밖을 지나서 십만 부처님 세계 미진수의 모든 부처님이 계셨으니 다 동일한 명호로서 명호가 금강당이시고 그 앞에 나타나 함께 칭찬하여 말씀하셨다.

"훌륭하고 훌륭하도다, 선남자여. 이에 능히 이 보살지광삼매에 들었도다.

선남자여, 이것은 시방으로 각각 십만 부처님 세계 미진수의 모든 부처님께서 위신력으로 그대에게 함께 가피하시는 것이며, 또한 비로자나

여래의 지난 옛적 서원의 힘과 위신의 힘이다. 그리고 그대의 지혜가 청정한 까닭이며, 모든 보살들의 선근이 더욱 수승한 까닭으로, 그대로 하여금 이 삼매에 들어서 법을 연설하게 하시는 것이다.

모든 보살들로 하여금 청정하고 두려움 없음을 얻게 하려는 까닭이며, 걸림 없는 변재를 갖추게 하려는 까닭이며, 걸림 없는 지혜의 땅에 들게 하려는 까닭이며, 일체 지혜의 큰마음에 머무르게 하려는 까닭이며, 다함없는 선근을 성취케 하려는 까닭이다.

걸림 없는 선한 법을 만족케 하려는 까닭이며, 넓은 문인 법계에 들게 하려는 까닭이며, 일체 부처님의 위신력을 나타내게 하려는 까닭이며, 지나간 때를 생각하는 지혜가 끊어지지 않게 하려는 까닭이며, 일체 부처님께서 모든 근을 보호하심을 얻게 하려는 까닭이다.

한량없는 문으로 온갖 법을 널리 설

하게 하려는 까닭이며, 듣고는 다 알아서 받아 지니고 잊지 않게 하려는 까닭이며, 모든 보살들의 일체 선근을 거두어들이게 하려는 까닭이다.

세상을 벗어나는 돕는 도를 이루게 하려는 까닭이며, 일체지의 지혜를 끊지 않게 하려는 까닭이며, 큰 서원을 개발케 하려는 까닭이며, 진실한 이치를 해석케 하려는 까닭이며, 법계를 깨달아 알게 하려는 까닭이다.

모든 보살들로 하여금 모두 다 환희케 하려는 까닭이며, 일체 부처님의 평등한 선근을 닦게 하려는 까닭이며, 일체 여래의 종성을 보호하여 지니게 하려는 까닭이다. 이른바 모든 보살들의 열 가지 회향을 연설하게 하려는 것이다.

불자여, 그대는 마땅히 부처님의 위신력을 받들어 이 법을 연설할지니라.

부처님의 호념하심을 얻은 까닭이며, 부처님의 집에 편안히 머무른 까닭이며, 세간을 벗어난 공덕을 더하는 까닭이며, 다라니의 광명을 얻은 까닭이다.

 장애 없는 불법에 들어간 까닭이며, 큰 광명으로 법계를 널리 비추는 까닭이며, 허물없는 깨끗한 법을 모은 까닭이며, 광대한 지혜의 경계에 머무른 까닭이며, 장애 없는 법의 광명을 얻은 까닭이다."

 이때에 모든 부처님께서 곧 금강당 보살에게 한량없는 지혜를 주시며, 걸림이 없는 변재를 주시며, 문구와 뜻을 분별하는 좋은 방편을 주시며, 걸림이 없는 법의 광명을 주시며, 여래의 평등한 몸을 주시며, 한량없이 차별하고 깨끗한 음성을 주셨다.

보살의 부사의하게 잘 관찰하는 삼매를 주시며, 파괴할 수 없는 일체 선근으로 회향하는 지혜를 주시며, 일체 법을 관찰하여 성취하는 교묘한 방편을 주시며, 일체 곳에서 일체 법을 설하는 끊임없는 변재를 주셨다. 무슨 까닭인가? 이 삼매에 들어간 선근의 힘인 까닭이다.

그때에 모든 부처님께서 각각 오른 손으로 금강당 보살의 정수리를 만지시었다.

금강당 보살은 정수리 만지심을 받고는 곧 선정으로부터 일어나서 모든 보살들에게 말씀하였다.

"불자들이여, 보살마하살이 불가사의한 큰 서원이 있어서 법계에 충만하여 널리 일체 중생을 능히 구호하니, 이른바 과거와 미래와 현재의 일체 부처님의 회향을 닦아 배우는 것이다.

　불자들이여, 보살마하살의 회향이 몇 가지가 있는가?
　불자들이여, 보살마하살의 회향이 열 가지가 있으니, 삼세의 모든 부처님께서 다 함께 연설하신다.
　어떤 것이 열인가?
　하나는 일체 중생을 구호하되 중생이라는 상을 떠난 회향이다.
　둘은 깨뜨릴 수 없는 회향이다.

셋은 일체 모든 부처님과 평등한 회향이다.

넷은 일체 처에 이르는 회향이다.

다섯은 다함이 없는 공덕장 회향이다.

여섯은 일체 평등한 선근에 들어가는 회향이다.

일곱은 일체 중생을 평등하게 수순하는 회향이다.

여덟은 진여의 모양인 회향이다.

아홉은 속박도 없고 집착도 없는 해탈의 회향이다.

열은 법계에 들어가는 한량없는 회향이다.

불자들이여, 이것을 보살마하살의 열 가지 회향이라 한다. 과거와 미래와 현재의 모든 부처님께서 이미 말씀하셨고, 장차 말씀하실 것이고, 지금도 말씀하신다.

불자들이여, 무엇을 보살마하살의 일체 중생을 구호하되 중생이라는 상을 떠난 회향이라 하는가?

불자들이여, 이 보살마하살이 보시바라밀을 행하고, 지계바라밀을 청정히 하고, 인욕바라밀을 닦고, 정진바라밀을 일으키고, 선정바라밀에 들어가고, 지혜바라밀에 머물러서 대자와 대비와 대희와 대사로 이와 같은 한량없는 선근을 닦는다.

선근을 닦을 때에 이렇게 생각하여 말한다.

'원하오니 이 선근으로 널리 일체 중생을 능히 요익케 하여 모두 청정하게 하며, 구경에 이르러 지옥과 아귀와 축생과 염라왕 등의 한량없는 고뇌를 길이 떠나게 하여지이다.'라고 한다.

보살마하살이 선근을 심을 때에 자기의 선근으로 이와 같이 회향한다.

'내가 마땅히 일체 중생을 위하여 집이 되리니 일체 모든 괴로운 일을 면하게 하려는 까닭이며, 일체 중생을 위하여 구호가 되리니 다 모든 번뇌에서 해탈케 하려는 까닭이다.

일체 중생을 위하여 귀의처가 되리니 모든 공포를 여의게 하려는 까닭이며, 일체 중생을 위하여 나아갈 곳이 되리니 일체 지혜에 이르게 하려는 까닭이다.

일체 중생을 위하여 안식처가 되리니 구경에 안온한 곳을 얻게 하려는 까닭이며, 일체 중생을 위하여 광명이 되리니 지혜의 빛을 얻어 어리석음의 어두움을 멸하게 하려는 까닭이다.

일체 중생을 위하여 횃불이 되리니 저 일체 무명의 어두움을 깨뜨리려는 까닭이며, 일체 중생을 위하여 등불이 되리니 구경에 청정한 곳에 머무르게 하려는 까닭이다.

일체 중생을 위하여 도사가 되리니 그들을 이끌어 진실한 법에 들게 하려는 까닭이며, 일체 중생을 위하여

대도사가 되리니 그들에게 걸림 없는 큰 지혜를 주려는 까닭이다.'

불자들이여, 보살마하살이 모든 선근으로 이와 같이 회향하여 일체 중생을 평등하게 요익하여, 구경에 다 일체지를 얻게 한다.

불자들이여, 보살마하살은 친한 벗이 아닌 이를 수호하고 회향하되 그 친한 벗과 더불어 평등하여 차별이 없게 한다.

무슨 까닭인가? 보살마하살이 일체 법이 평등한 성품에 들어간 까닭으로, 중생들에게 잠깐도 친한 벗이 아니라는 생각을 내지 아니한다.

설령 어떤 중생이 보살의 처소에서 원망하여 해치려는 마음을 일으키더라도 보살은 또한 자비의 눈으로 보고 마침내 성내지 아니하며, 널리 중생들을 위하여 선지식이 되어 바른 법을 연설하여 그들로 하여금 닦아 익히게 한다.

비유하면 큰 바다는 일체 온갖 독으로 변하거나 파괴할 수 없는 것과 같이, 보살도 또한 그러하여 일체 어리석고 지혜가 없어서 은덕을 모르며, 성내고 사납고 완고하고 독하며, 교만하여 잘난 체하며, 그 마음이 참참하여 선한 법을 알지 못하는, 그와 같은 부류의 모든 악한 중생들이 갖가지로 핍박하고 괴롭히더라도 능히 흔들리게 할 수 없다.

비유하면 일천자가 세간에 출현함

에 날 때부터 눈먼 이가 보지 못하는 까닭으로 숨어 나타나지 않음이 없으며, 또한 다시 건달바성과 아수라의 손과 염부제의 나무와 높은 바위와 깊은 골짜기와, 티끌과 안개와 연기와 구름 등 이러한 물건으로 덮어 가리는 까닭으로 숨어 나타나지 않음이 없으며, 또한 다시 시절이 변하는 까닭으로 숨어 나타나지 않음이 없는 것과 같다.

보살마하살도 또한 다시 이와 같아

서 큰 복덕이 있으며, 그 마음이 깊고 넓으며, 바른 생각으로 관찰하여 물러남이 없으며, 공덕과 지혜에 끝까지 이르고자 한다.

높고 수승한 법에 뜻을 두어 마음을 내며, 법의 광명이 널리 비치어 일체 이치를 보며, 모든 법문에 지혜가 자재하다.

항상 일체 중생을 이익케 하기 위하여 선법을 닦으며, 일찍이 잘못하여 중생들을 버리려는 마음을 내지 아니한다.

중생들이 그 성품이 나쁘고 삿된 소견으로 성내고 탁하여 조복하기 어렵다 하여, 문득 버리고 회향을 닦지 않는 것이 아니다.

다만 보살은 큰 원력의 갑옷과 투구로 스스로 장엄하여 중생들을 구호하고 항상 퇴전하지 아니한다.

중생들이 은혜 갚을 줄 알지 못한다 하여 보살의 행에서 물러나 보리의 도를 버리지 아니한다.

어리석은 범부들과 함께 한 곳에 있다 하여 일체 여실한 선근을 버리지 아니하며, 중생들이 자주 나쁜 일을 일으켜도 참기 어렵다 하여 그들에게 피로해하거나 싫어하는 마음을 내지 아니한다.

무슨 까닭인가?

비유하면 일천자가 단지 한 가지 일만을 위하는 까닭으로 세간에 출현하는 것이 아니듯이, 보살마하살도 또한 다시 이와 같아서 단지 한 중생만을 위하는 까닭으로 모든 선근을 닦아 아뇩다라삼먁삼보리에 회향하는 것이 아니고, 일체 중생을 널리 구호하기 위하여 선근을 닦아 아뇩다라삼먁삼보리에 회향하는 것이다.

 이와 같이 단지 한 부처님 세계만을 깨끗이 하기 위함이 아닌 까닭이며, 단지 한 부처님만을 믿기 위함이 아닌 까닭이며, 단지 한 부처님만을 친견하기 위함이 아닌 까닭이며, 단지 한 법만을 알기 위함이 아닌 까닭으로, 큰 지혜와 서원을 일으켜 아뇩다라삼먁삼보리에 회향하는 것이다.

일체 부처님의 세계를 널리 청정하게 하는 까닭이며, 일체 모든 부처님을 널리 믿는 까닭이며, 일체 모든 부처님을 받들어 섬기고 공양올리는 까닭이며, 일체 부처님 법을 널리 알기 위한 까닭으로 큰 서원을 일으켜 모든 선근을 닦아서 아뇩다라삼먁삼보리에 회향하는 것이다.

불자들이여, 보살마하살이 모든 부처님의 법으로써 반연할 바를 삼아,

광대한 마음과 퇴전하지 않는 마음을 일으켜, 한량없는 겁 동안에 희유하고 얻기 어려운 마음의 보배를 닦아 모아서 일체 모든 부처님과 더불어 모두 다 평등하다.

보살이 이와 같이 모든 선근을 관하여 신심이 청정하며 대비심이 견고하여, 매우 깊은 마음과 환희한 마음과 청정한 마음과 가장 수승한 마음과 부드러운 마음과 자비한 마음과 가엾이 여기는 마음과 거두어 보호하는 마음과 이익의 마음과 안락한 마음으로써 널리 중생들을 위하여 진실하게 회향하는 것이고, 단지 입으로 말만 하는 것이 아니다.

불자들이여, 보살마하살이 모든 선근으로 회향할 때에 이렇게 생각하여 말하기를 '나의 선근으로써 원컨대 일체 갈래에 난 일체 중생이 다 청정해져서 공덕이 원만하며, 파괴할 수 없으며, 다함이 없으며, 항상 존중함을 얻으며, 바르게 생각하고 잊지 아니하며, 결정한 지혜를 얻고 한량없는 지혜를 갖추어, 몸과 입과 뜻으로 짓는 업의 일체 공덕을 원만하게 장엄하여지이다.'라고 한다.

또 이렇게 생각한다. '이 선근으로써 일체 중생이 일체 모든 부처님을 받들어 섬기고 공양올려서 헛되이 지내는 자가 없게 한다.

모든 부처님 처소에서 청정한 신심이 무너지지 않으며, 바른 법을 듣고 모든 의혹을 끊으며, 기억해 지녀 잊지 아니하고 설하신 대로 수행하며,

여래의 처소에 공경하는 마음을 일으키며, 몸으로 짓는 업이 청정하여 한량없이 광대한 선근에 편안히 머무른다.

빈궁함을 영원히 여의어 일곱 재물이 만족하며, 모든 부처님 처소에서 항상 따라 수학하여 한량없이 수승하고 미묘한 선근을 성취하며, 평등하게 깨달아 일체지에 머무른다.

걸림 없는 눈으로 중생을 평등하게 보며, 온갖 상호로 몸을 장엄하여 결점이 없으며, 음성이 깨끗하고 미묘하여 공덕이 원만하며, 모든 근이 조복되어 십력을 성취한다.

선한 마음이 만족하여 의지한 바 없이 머무르며, 일체 중생이 부처님의 즐거움을 널리 얻고, 한량없이 머무름을 얻어 부처님께서 머무르시는 곳에 머무르게 한다.'

불자들이여, 보살마하살이 모든 중생들이 악업을 지어 모든 극중한 고통을 받으며, 이 장애로 부처님을 보지 못하고 법을 듣지 못하고 스님들을 알지 못함을 보고는, 문득 이렇게 생각하기를 '내가 마땅히 저 모든 악도에서 모든 중생들을 대신하여 갖가지 고통을 받고 그들로 하여금 해탈케 하리라.'고 한다.

보살이 이와 같이 지독한 고통을 받을 때에 더욱더 정진하여 버리지도 않고 피하지도 않으며, 놀라지도 않고 두려워하지도 않으며, 물러나지도 않고 겁내지도 않으며, 피로해 하거나 싫어하지도 않는다.

무슨 까닭인가? 그가 서원한 바와 같이 결정코 일체 중생을 책임지고 해탈케 하려는 까닭이다.

보살이 그때에 이렇게 생각하여 말하기를 '일체 중생이 나고 늙고 병들고 죽는 모든 고난처에 있어서, 업을 따라 유전하고 삿된 소견으로 지혜가 없어서 모든 선한 법을 잃어 버렸으니, 내가 마땅히 그들을 구호하여 벗어나게 하리라.'고 한다.

또 모든 중생들이 애욕의 그물에 얽힌 바와 어리석음의 덮개에 덮인 바로 모든 유에 물들어 따라다니고 버리지 못하며, 고통의 감옥에 들어가서 마군 업의 행을 지어 복과 지혜는 모두 없어지고, 항상 의혹을 품어 안온한 곳을 보지 못하고, 벗어나는 길을 알지 못하며, 생사에 있어서 바퀴 돌 듯 쉬지 못하고, 모든 고통의 진흙수렁에 항상 빠져 있다.

보살이 보고는 크게 자비한 마음과 크게 요익케 하려는 마음을 일으켜서, 중생들로 하여금 모두 해탈을 얻게 하고자 일체 선근으로 회향하며, 광대한 마음으로 회향하며, 삼세 보살들이 닦은 바와 같이 회향하며, '대회향의 경'에 설해진 바와 같이 회향하여, 모든 중생들이 청정함을 널리 얻으며, 구경에는 일체종지를 성취하기를 서원한다.

다시 이렇게 생각하기를 '내가 닦은 행이 중생들로 하여금 모두 다 위없는 지혜의 왕을 이루게 하려는 것이다.

자신을 위하여 해탈을 구함이 아니

며, 단지 일체 중생을 구제하여 그들로 하여금 다 일체 지혜의 마음을 얻고 생사의 흐름을 건너 온갖 괴로움을 해탈케 하기 위한 것이다.'라고 한다.

다시 이렇게 생각하기를 '내가 마땅히 널리 일체 중생을 위하여 온갖 고통을 갖추어 받으면서, 그들로 하여금 한량없이 나고 죽는 온갖 고통의 큰 구렁텅이에서 벗어나게 한다. 내가 마땅히 널리 일체 중생을 위하여 일체 세계의 일체 나쁜 갈래에서 미래 겁이 다하도록 일체 괴로움을 받으면서도, 그러나 항상 중생들을 위하여 부지런히 선근을 닦을 것이다.

 무슨 까닭인가? 내가 차라리 홀로 이와 같은 온갖 고통을 받을지언정 중생들로 하여금 지옥에 떨어지게 하지 않고, 내가 마땅히 저 지옥과 축생과 염라왕 등의 험난한 곳에서 몸이 볼모가 되어 일체 악도의 중생들을 대신하여 속죄하고 해탈을 얻게 하리라.'고 한다.

다시 이렇게 생각하기를 '내가 원컨대 일체 중생을 보호하여 마침내 버리지 아니하려 하니 말한 것이 성실하여 허망하지 않기 바란다.

무슨 까닭인가? 나는 일체 중생을 구호하여 제도하기 위하여 보리심을 낸 것이고, 자신을 위하여 위없는 도를 구함이 아니며, 또한 오욕의 경계와 삼유 가운데 갖가지 즐거움을 구하기 위하여 보리행을 닦는 것이 아니다.

무슨 까닭인가? 세간의 낙은 고통

아님이 없으며, 온갖 마군의 경계인지라 어리석은 사람이 탐하는 것이고, 모든 부처님께서 꾸짖으시는 바이다.

　일체 괴로움과 근심이 이것으로 인하여 일어나며, 지옥과 아귀와 축생과 염라왕의 처소에서 성내고 싸우고 서로 헐뜯고 능욕하는 이와 같은 모든 악은 다 오욕에 탐착함으로 인해 생기는 것이다.

　오욕에 탐착하면 모든 부처님을 멀리 여의게 되고 천상에 나는 것을 장애

하는데, 어찌 하물며 아뇩다라삼먁삼보리를 얻을 수 있겠는가?'라고 한다.

보살이 이와 같이 모든 세간에서 조그만 욕락의 맛을 탐하여 한량없는 고통받음을 관찰하고는, 마침내 저 오욕락을 위하여 위없는 보리를 구하거나 보살의 행을 닦지 아니하고, 다만 일체 중생을 안락케 하기 위하여 마음을 내어 닦아 익혀서 큰 서원을 원만하게 이루며, 중생들의 모든 괴로움의 오랏줄을 끊고 해탈을 얻게 한다.

불자들이여, 보살마하살이 다시 이렇게 생각하기를 '내가 마땅히 선근으로 이와 같이 회향하고, 일체 중생으로 하여금 구경의 즐거움과 이익의 즐거움과 받지 않는 즐거움과 적정의 즐거움과 의지함이 없는 즐거움과 흔들림이 없는 즐거움과 한량없는 즐거움과 버리지 않고 물러나지 않는 즐거움과 멸하지 않는 즐거움과 일체지의 즐거움을 얻게 하리라.'고 한다.

다시 이렇게 생각하기를 '내가 마땅히 일체 중생에게 조복하고 다스리는 스승이 되고, 군대를 맡은 신하가 되어 큰 지혜의 횃불을 들고 안온한 길을 보여 험난함을 여의게 하며, 좋은 방편으로 진실한 뜻을 알게 하리라.

또 생사의 바다에서 일체 지혜와 좋은 기술을 가진 뱃사공이 되어 모든 중생들을 건네어 저 언덕에 이르게 하리라.'고 한다.

불자들이여, 보살마하살이 모든 선근으로 이와 같이 회향한다.

이른바 마땅함을 따라 일체 중생을 구호하여 생사에서 벗어나게 한다. 일체 모든 부처님을 받들어 섬기고 공양올리며, 장애 없는 일체지의 지혜를 얻으며, 온갖 마군을 여의며, 악지식을 멀리하고 일체 보살과 착한 벗을 친근하며, 모든 죄를 멸하고 청정한 업을 성취하며, 보살의 광대한 행과 원과 한량없는 선근을 구족케 하는 것이다.

불자들이여, 보살마하살이 모든 선근으로 바르게 회향하고는 이와 같이 생각한다.

'사천하의 중생들이 많은 까닭으로 많은 해가 뜨는 것이 아니고, 다만 하나의 해가 떠서 다 능히 일체 중생을 널리 비추는 것이다.

또 모든 중생들이 자신의 광명으로써 낮과 밤이 있음을 알고 유행하며 관찰하여 모든 업을 일으켜 짓는 것이 아니고 모두 일천자가 뜨는 것으로 말미암아 이 일을 이루는 것이다.

그러나 저 해는 단지 하나뿐이고 둘이 아니다.'라고 한다.

보살마하살도 또한 다시 이와 같아서 선근을 닦고 모아서 회향할 때에 이렇게 생각하여 말하기를 '저 모든 중생들은 능히 자신도 구호하지 못하는데 어떻게 능히 남을 구제하리오. 오직 나 한 사람만이 마음에 홀로 짝이 없도다.'라 하고 선근을 닦고 모아서 이와 같이 회향한다.

이른바 일체 중생을 널리 제도하려는 까닭이며, 일체 중생을 널리 비추려는 까닭이며, 일체 중생에게 보여 인도하려는 까닭이며, 일체 중생을 깨우치려는 까닭이며, 일체 중생을 거듭 돌보려는 까닭이며, 일체 중생을 거두어 주려는 까닭이며, 일체 중생을 성취하려는 까닭이다.

일체 중생으로 하여금 환희케 하려는 까닭이며, 일체 중생으로 하여금 기쁘고 즐겁게 하려는 까닭이며, 일체 중생으로 하여금 의심을 끊게 하려는 까닭이다.

불자들이여, 보살마하살이 다시 이렇게 생각하기를 '나는 마땅히 해가 일체를 널리 비추어도 은혜 갚음을 구하지 않는 것같이, 중생들이 악함이 있더라도 모두 능히 수용하고, 마침내 이로써 서원을 버리지 않을 것이며, 한 중생이 악한 까닭으로 일체 중생을 버리지 않고, 다만 부지런히 선근을 닦아 회향하여 널리 중생들로 하여금 모두 안락을 얻게 하리라.'고 한다.

선근이 비록 적으나 중생들을 널리

거두어 환희한 마음으로 광대하게 회향한다.

만약 선근이 있으면서도 일체 중생을 요익하려 하지 않으면 회향이라 이름할 수 없다. 한 선근이라도 따라 널리 중생으로 반연할 바를 삼으면 이에 회향이라 이름한다.

중생을 집착할 것이 없는 법의 성품에 안치하는 회향과, 중생의 자성이 흔들리지 않고 변하지 않음을 보는 회향과, 회향하는 데 의지함도 없고 취함도 없는 회향과, 선근의 모양을 취하지 않는 회향이다.

업과 과보의 체성을 분별하지 않는 회향과, 오온의 모양에 집착하지 않는 회향과, 오온의 모양을 깨뜨리지 않는 회향과, 업을 취하지 않는 회향과, 과보를 구하지 않는 회향과, 인연에 물들지 않는 회향이다.

인연으로 일으킨 것을 분별하지 않는 회향과, 명칭에 집착하지 않는 회향과, 처소에 집착하지 않는 회향과, 허망한 법에 집착하지 않는 회향과, 중생의 모양과 세계의 모양과 마음의 모양에 집착하지 않는 회향이다.

마음의 전도와 생각의 전도와 소견의 전도를 일으키지 않는 회향과, 언어의 길에 집착하지 않는 회향과, 일체 법의 진실한 성품을 관하는 회향과, 일체 중생의 평등한 모양을 관하는 회향과, 법계의 도장으로 모든 선근을 찍는 회향과, 모든 법의 탐욕 여읜 것을 관하는 회향이다.

일체 법이 없음을 알아서 선근을 심음도 또한 이와 같고, 모든 법이 둘이 없음에 나지도 않고 멸하지도 않음을 관하는 회향도 또한 이와 같다.

이와 같은 등 선근의 회향으로써 청정하게 대치하는 법을 수행하여 있는 바 선근으로 모두 다 출세간법을 수순하여 둘이라는 모양을 짓지 아니한다.

업에 즉하여 일체지를 닦아 익히는 것이 아니며, 업을 여의고 일체지에 회향하는 것도 아니며, 일체지가 곧 이 업이 아니지만 그러나 업을 떠나서 일체지를 얻는 것도 아니다.

업은 빛그림자와 같이 청정하므로 과보도 또한 빛그림자와 같이 청정하며, 과보가 빛그림자와 같이 청정하므로 일체지의 지혜도 또한 빛그림자와 같이 청정하여, '나'와 '내 것'이라는 일체 흔들림과 사유와 분별을 여의었다. 이와 같이 분명히 알아서 모든 선근의 방편으로 회향하는 것이다.

보살이 이와 같이 회향할 때에 중생들을 제도하여 해탈시키나, 항상 휴식함이 없고 법의 모양에 머무르지도 않는다. 비록 모든 법이 업도 없고 과보도 없음을 알지만, 일체 업과 과보를 잘 능히 내어서 어기거나 다투지 아니하니, 이와 같은 방편으로 잘 회향을 닦는다.

보살마하살이 이와 같이 회향할 때에 일체 허물을 여의어서 모든 부처님께서 찬탄하시는 바이다.

불자들이여, 이것이 보살마하살의

첫째 일체 중생을 구호하되 중생이라는 상을 여읜 회향이다."

이때에 금강당 보살이 시방의 일체 대중모임과 법계를 관찰하고, 깊은 문구와 뜻에 들어서 한량없는 마음으로 수승한 행을 닦아 익혀서, 대비로 일체 중생을 널리 덮어 삼세 모든 여래의 종성을 끊지 않으며, 일체 부처님의 공덕법장에 들어가 일체 모든 부처님의 법신을 출생하며, 모든

중생들의 마음을 잘 능히 분별하여
그들이 심은 선근이 성숙함을 알고,
법신에 머무르면서 청정한 색신을 나
타내 보이고, 부처님의 위신력을 받
들어 곧 게송을 설하여 말씀하였다.

부사의한 겁 동안
도를 닦아 행하여
정진하는 견고한 마음 걸림 없으며
군생의 부류를

요익케 하기 위하여
모든 부처님의 공덕 법을
항상 구하도다.

세간을 조어하는
같을 이 없는 사람이
그 뜻을 닦아 다스려서
매우 밝고 깨끗하여
마음을 내어
모든 중생들을 널리 건지니
그가 능히 회향의 창고에
잘 들도다.

용맹하게 정진하여
힘을 갖추고
지혜가 총명하고
뜻도 청정하여
일체 모든 군생들을
널리 건지니
그 마음 견디고 참아
움직이지 않도다.

마음이 잘 안주하여
더불어 같을 이 없고
뜻이 항상 청정하여

크게 기쁘며
이와 같이 중생 위해
부지런히 수행하니
비유하면 대지가
널리 수용함과 같도다.

자신을 위해
쾌락을 구하지 아니하고
다만 모든 중생들을
구호하려고
이와 같이
대비심을 일으키니

걸림 없는 지위에
빨리 들도다.

시방의
일체 모든 세계에
있는 바 중생들을
다 섭수하여
그들을 구호하기 위해
마음을 잘 머물러서
이와 같이 모든 회향을
닦고 배우도다.

보시를 수행하여
크게 기쁘고
청정한 계를 호지하여
범하는 바가 없으며
용맹 정진하는 마음이
흔들리지 아니하여
여래의 일체지에
회향하도다.

그 마음이
넓고 커서 끝이 없고
참는 힘으로 안주하여

흔들림 없으며
선정이 매우 깊어
항상 비추어서
지혜가 미묘하여
사의하기 어렵도다.

시방의
일체 세계 가운데
청정한 행을 구족하여
닦아 다스리고
이와 같은 공덕을
다 회향하여

모든 중생들을
안락케 하려 하도다.

대사가 모든 선업을
부지런히 닦아
한량없고 가없어
셀 수 없음이라
이와 같이 모두
중생들을 이익케 하여
사의하기 어렵고 위없는
지혜에 머무르게 하도다.

널리 일체 중생을
위하는 까닭으로
부사의한 겁 동안
지옥에 있어도
이와 같이 일찍이 싫어하거나
퇴전하는 마음 없어
용맹하게 결정하여
항상 회향하도다.

빛과 소리와 향기와
맛을 구하지 않고
또한 모든 미묘한 촉각도

희구하지 않으며
다만 모든 중생들을
구제하기 위하여
위없는 가장 수승한 지혜를
항상 구하도다.

지혜가 청정하기
허공과 같아서
가없는 대사의 행을
닦아 익히며
부처님의 행하시던 바와 같은
모든 행법을

저 사람이 이와 같이
항상 닦아 배우도다.

대사가
모든 세계를 유행하여
능히 모든 중생들을
다 안온하게 하고
널리 일체로 하여금
다 환희케 하되
보살행을 닦는 일
만족해 싫어함이 없도다.

일체 모든 마음의 독을
없애버리고
가장 높은 지혜를 사유하여
닦아 익히되
자기를 위해 안락을
구하지 아니하고
다만 중생들이
고통 여의기를 원하도다.

이 사람의 회향이
구경에 가서
마음이 항상 청정하여

온갖 독을 여의니
삼세의 여래께서
부촉하신 바대로
위없는 큰 법의 성에
머무르도다.

일찍이 모든 색에
물들지 않고
수와 상과 행과 식도
또한 이와 같아서
그 마음이 삼유에서
길이 벗어나

있는 바 공덕을
다 회향하도다.

부처님께서 알고 보시는
모든 중생들을
모두 다 거두어서
남김이 없이
다 해탈을
얻게 하기를 서원하고
그들을 위해 수행하며
크게 환희하도다.

그 마음 생각생각
항상 안주하고
지혜도 넓고 커서
더불어 같을 이 없으니
어리석음을 여읜 바른 생각
항상 고요하여
일체 모든 업이
다 청정하도다.

저 모든 보살들이
세상에 있어도
안과 밖 일체 법에

집착이 없으니
마치 바람이 걸림 없이
허공에 불듯이
대사의 마음 씀도
또한 다시 그러하도다.

있는 바 몸으로 짓는 업이
모두 청정하고
일체 언어도
과실이 없으며
마음은 항상
여래께 향하여 돌아가

모든 부처님께서
다 환희하시게 하도다.

시방의 한량없는
모든 국토에
있는 바 부처님 처소에
다 나아가
그 가운데서
대비 세존을 친견하고
공경하여 우러러 받들지
아니함이 없도다.

마음이 항상 청정하여
모든 허물을 여의고
널리 세간에 들어가도
두려울 바 없어서
이미 여래의
위없는 도에 머무르고
다시 삼유의
큰 법의 못이 되도다.

일체 법을
부지런히 관찰하고
있음과 있지 않음을

수순하여 사유하며
이와 같이
진실한 이치에 나아가
매우 깊고 다툼이 없는 곳에
들어가도다.

이로써 견고한 도를
닦아 이루니
일체 중생이
깨뜨릴 수 없으며
모든 법의 성품을
잘 능히 요달하여

널리 삼세에
집착하는 바가 없도다.

이와 같이 회향하여
피안에 이르러
널리 군생들이
온갖 때를 여의게 하고
일체 모든 의지하는 바를
길이 여의어서
구경에 의지할 데 없는 곳에
들게 하도다.

일체 중생의
언어의 길이
그 종류를 따라
각각 차별한데
보살이 모두 능히
분별하여 설하되
마음에 집착 없고
걸리는 바도 없도다.

보살이 이와 같이
회향을 닦아
공덕이나 방편을

말할 수 없고
능히 시방의
모든 세계 가운데
일체 모든 부처님께서
다 칭찬하시도다.

〈대방광불화엄경 제23권〉

회향송

아차보현수승행
무변승복개회향
보원침익제중생
속왕무량광불찰

시방삼세일체불
제존보살마하살
마하반야바라밀

廻向頌

我此普賢殊勝行
無邊勝福皆迴向
普願沈溺諸衆生
速往無量光佛刹

十方三世一切佛
諸尊菩薩摩訶薩
摩訶般若波羅蜜

大方廣佛華嚴經 부록

- 대방광불화엄경 목차
- 간행사

대방광불화엄경
목차

⟨제1회⟩

제1권　제1품　세주묘엄품 [1]

제2권　제1품　세주묘엄품 [2]

제3권　제1품　세주묘엄품 [3]

제4권　제1품　세주묘엄품 [4]

제5권　제1품　세주묘엄품 [5]

제6권　제2품　여래현상품

제7권　제3품　보현삼매품

　　　　제4품　세계성취품

제8권　제5품　화장세계품 [1]

제9권　제5품　화장세계품 [2]

제10권　제5품　화장세계품 [3]

제11권　제6품　비로자나품

⟨제2회⟩

제12권　제7품　여래명호품

　　　　제8품　사성제품

제13권　제9품　광명각품

　　　　제10품　보살문명품

제14권　제11품　정행품

　　　　제12품　현수품 [1]

제15권　제12품　현수품 [2]

⟨제3회⟩

제16권　제13품　승수미산정품

　　　　제14품　수미정상게찬품

　　　　제15품　십주품

제17권　제16품　범행품

　　　　제17품　초발심공덕품

제18권　제18품　명법품

〈제4회〉

<u>제19권</u>　제19품　승야마천궁품

　　　　　제20품　야마궁중게찬품

　　　　　제21품　십행품 [1]

<u>제20권</u>　제21품　십행품 [2]

<u>제21권</u>　제22품　십무진장품

〈제5회〉

<u>제22권</u>　제23품　승도솔천궁품

<u>제23권</u>　제24품　도솔궁중게찬품

　　　　　제25품　십회향품 [1]

<u>제24권</u>　제25품　십회향품 [2]

<u>제25권</u>　제25품　십회향품 [3]

<u>제26권</u>　제25품　십회향품 [4]

<u>제27권</u>　제25품　십회향품 [5]

<u>제28권</u>　제25품　십회향품 [6]

<u>제29권</u>　제25품　십회향품 [7]

<u>제30권</u>　제25품　십회향품 [8]

<u>제31권</u>　제25품　십회향품 [9]

<u>제32권</u>　제25품　십회향품 [10]

<u>제33권</u>　제25품　십회향품 [11]

〈제6회〉

<u>제34권</u>　제26품　십지품 [1]

<u>제35권</u>　제26품　십지품 [2]

<u>제36권</u>　제26품　십지품 [3]

<u>제37권</u>　제26품　십지품 [4]

<u>제38권</u>　제26품　십지품 [5]

<u>제39권</u>　제26품　십지품 [6]

〈제7회〉

<u>제40권</u>　제27품　십정품 [1]

<u>제41권</u>　제27품　십정품 [2]

<u>제42권</u>　제27품　십정품 [3]

<u>제43권</u>　제27품　십정품 [4]

<u>제44권</u>　제28품　십통품

　　　　　제29품　십인품

<u>제45권</u>　제30품　아승지품

　　　　　제31품　수량품

　　　　　제32품　제보살주처품

<u>제46권</u>　제33품　불부사의법품 [1]

<u>제47권</u>　제33품　불부사의법품 [2]

제48권	제34품	여래십신상해품		제63권	제39품	입법계품 [4]
	제35품	여래수호광명공덕품		제64권	제39품	입법계품 [5]
제49권	제36품	보현행품		제65권	제39품	입법계품 [6]
제50권	제37품	여래출현품 [1]		제66권	제39품	입법계품 [7]
제51권	제37품	여래출현품 [2]		제67권	제39품	입법계품 [8]
제52권	제37품	여래출현품 [3]		제68권	제39품	입법계품 [9]
				제69권	제39품	입법계품 [10]
〈제8회〉				제70권	제39품	입법계품 [11]
제53권	제38품	이세간품 [1]		제71권	제39품	입법계품 [12]
제54권	제38품	이세간품 [2]		제72권	제39품	입법계품 [13]
제55권	제38품	이세간품 [3]		제73권	제39품	입법계품 [14]
제56권	제38품	이세간품 [4]		제74권	제39품	입법계품 [15]
제57권	제38품	이세간품 [5]		제75권	제39품	입법계품 [16]
제58권	제38품	이세간품 [6]		제76권	제39품	입법계품 [17]
제59권	제38품	이세간품 [7]		제77권	제39품	입법계품 [18]
				제78권	제39품	입법계품 [19]
〈제9회〉				제79권	제39품	입법계품 [20]
제60권	제39품	입법계품 [1]		제80권	제39품	입법계품 [21]
제61권	제39품	입법계품 [2]				
제62권	제39품	입법계품 [3]				

간 행 사

　귀의삼보 하옵고,
　『대방광불화엄경』의 수지 독송과 유통을 발원하면서 수미정사 불전연구원에서 『독송본 한문·한글역 대방광불화엄경』과 『사경본 한글역 대방광불화엄경』을 편찬하여 간행하게 되었습니다.
　『화엄경』은 우리나라에 전래된 이래 일찍부터 사경되고 주석·강설되어 왔으며 근현대에 이르러서는 『화엄경』의 한글 번역과 연구도 부쩍 많이 이루어졌습니다. 그만큼 『화엄경』이 우리 불자님들의 신행과 해탈에 큰 의지처가 되었던 것임을 알 수 있습니다.
　『화엄경』을 독송하고 사경하는 공덕은 설법 공덕과 함께 크게 강조되어 왔습니다. 그리하여 수미정사 불전연구원에서도 『화엄경』(80권)을 독송하고 사경하는 데 도움이 되도록 한문 원문과 한글역을 함께 수록한 독송본과 한글역의 사경본 『화엄경』 간행불사를 발원하였습니다. 이 『화엄경』 간행불사에 뜻을 같이하여 적극 후원해주신 스님들과 재가 불자님들께 깊이 감사드립니다. 또한 『화엄경』을 수지 독송할 수 있도록 경책의 모습으로 장엄해 주신 편집위원들과 담앤북스 출판사 관계자들께도 고마움을 표합니다.
　끝으로 이 불사의 원만 회향으로 『화엄경』이 널리 유통되고, 온 법계에 부처님의 가피가 충만하시길 기원드립니다.
　나무 대방광불화엄경

불기 2564년 '부처님오신날'을 봉축하며
수미해주 합장

위태천신(동진보살)

수미해주 須彌海住

동국대학교 명예교수
중앙승가대학교 법인이사
대한불교조계종 수미정사 주지

사경본 한글역
대방광불화엄경 제23권

| 초판 1쇄 발행_ 2022년 4월 24일

| 엮은이_ 수미해주
| 엮은곳_ 수미정사 불전연구원
| 편집위원_ 해주 수정 경진 선초 정천 석도 박보람 최원섭
| 편집보_ 무이 무진 지욱 혜명

| 펴낸이_ 오세룡
| 펴낸곳_ 담앤북스
　　　　서울특별시 종로구 새문안로3길 23 경희궁의 아침 4단지 805호
　　　　대표전화 02)765-1251　전자우편 damnbooks@hanmail.net
　　　　출판등록 제300-2011-115호
| ISBN_ 979-11-6201-367-0　04220

이 책은 저작권 법에 따라 보호받는 저작물이므로 무단전재와 복제를 금합니다.
이 책 내용의 전부 또는 일부를 이용하려면 반드시 저작권자와 담앤북스의 서면 동의를 받아야 합니다.

정가 10,000원
ⓒ 수미해주 2022